Primer
Diccionario
de Ciencia

Jean M. Shaw
Richard W. Dyches

Ilustrado por Czeslaw Sornat

Franklin Watts

Nueva York   •   Londres   •   Toronto   •   Sydney

Los autores desean dar las gracias a las siguientes personas
por su asistencia en la evaluación de este manuscrito.

Iva D. Brown, Ed. D.
Department of Science Education
University of Southern Mississippi
Hattiesburg, Mississippi

Marilyn S. Neil, Ph. D.
Associate Professor of Education
Georgia Southwestern College
Americus, Georgia

James D. Cowles, Ph. D.
Department of Early Childhood Education
United States International University
San Diego, California

Patricia M. Wilson, M.A.
Adjunct Professor of Education
Mercy College
Dobbs Ferry, New York

Patsy Ann Giese, Ph. D.
Associate Professor of Educational Studies
Slippery Rock University
Slippery Rock, Pennsylvania

Desarrollo Editorial: The Pegasus Group
Diseño y Producción: The Pegasus Group

Para Katie y Matt
Jordana, Michael, y Kate

Library of Congress Cataloging-in-Publication Data
Shaw, Jean M.
[First science dictionary. Spanish]
Primer diccionario de ciencia / Jean M. Shaw, Richard W. Dyches.
p.   cm.
Translation of: First science dictionary.
Summary: Illustrations and simple definitions explain over
260 science terms.
ISBN 0-531-07925-2 (lib. ed.). — ISBN 0-531-15235-9
1. Science—Dictionaries, Juvenile—Spanish.
2. Picture dictionaries. Spanish—Juvenile literature.
[1. Science—Dictionaries. 2. Spanish language materials.]
I. Dyches, Richard W.   II. Title.
Q123.S51318   1991
503—dc20
91-16909   CIP   AC

Estimados Padres y Educadores:

La ciencia debería ser una materia que estimule la curiosidad natural de los niños. Sin embargo, en sus tempranos años escolares los niños se sienten a veces confundidos con la terminología y los conceptos. En el mundo de hoy, orientado por la ciencia, es muy importante que los niños que cursan los grados desde kindergarten a tercero desarrollen un vocabulario sólido en lo que a la ciencia se refiere. El *Primer Diccionario de Ciencia* provee más de 260 definiciones en términos claves que los niños deben conocer para entender los conceptos de ciencia más complejos que ellos estudiarán desde el cuarto grado en adelante.

Con este libro de referencia, la ciencia se convierte en una maravillosa experiencia de aprendizaje. Los niños leen las definiciones simples, después pueden ver las palabras explicadas con ilustraciones gráficas, tales como un zorrillo intelectual examinando un fósil y otros animales experimentando con pesas y medidas. La ciencia adquiere un mayor significado cuando los niños la ven en relacion a un mundo ya familiar.

El *Primer Diccionario de Ciencia* refleja una revisión extensa del plan de estudios y está correlacionado con todos los libros de ciencia mas importantes. Además, el diccionario sigue las normas del plan de estudios establecido por la Asociación Nacional de Profesores de Ciencia.

Creemos que este diccionario enfocado a la ciencia, al igual que su compañero el *Primer Diccionario de Matemática* son únicos ya que enseñan la materia y al mismo tiempo estimulan las habilidades de referencia de los niños al introducirlos a términos claves en su orden alfabético.

Estamos seguros que los niños que usen este importante vehículo de referencia aprenderán los términos científicos y los conceptos que necesitan para ambos la escuela y la vida diaria.

Sinceramente,

Richard W. Dyches   *Jean M. Shaw*

SOBRE LOS AUTORES

El Dr. Richard W. Dyches es un consultante y escritor de material educativo para niños pequeños. El Dr. Dyches, quien en el pasado ha sido educador de escuela primaria y profesor de la Universidad, dicta con frecuencia conferencias y seminarios a nivel Nacional e Internacional. El Dr. Dyches vive en la ciudad de Nueva York.

La Dra. Jean M. Shaw es Profesora de Educación Pre-Primaria y Elemental de la Universidad de Mississippi. La Dra. Shaw es nacionalmente conocida como educadora y autora de muchos libros para niños en las áreas de matemática y ciencia. La Dra. Shaw vive en Oxford, Mississippi.

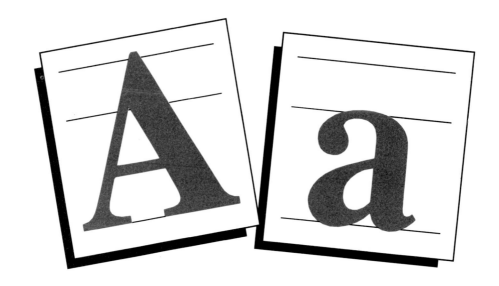

abdomen

abdomen

El **abdomen** está entre el pecho y las piernas.

acuario

Un **acuario** es un lugar en donde criaturas marinas son protegidas y estudiadas.

agua

El **agua** es un líquido que no tiene color, olor, ni sabor. Todas las criaturas vivientes necesitan **agua**.

agua dulce

El **agua dulce** no es salada. La mayoría de los ríos y lagos contienen **agua dulce**.

aire

Aire es la mezcla de gases que está alrededor de nosotros.

aislador

HIELO

Un **aislador** evita que el calor, la electricidad o el sonido se trasladen bien.

Aa

Alambre es hilo fino de metal. Se puede usar para conducir electricidad.

Alto puede significar grande o el tono de sonido.

Un **anfibio** es un animal que puede vivir en la tierra y en el agua.

animal

Un **animal** es algo vivo que come y se mueve de un lado
a otro por sí mismo.

animales amenazados de extinción

Los **animales amenazados de
extinción** desaparecerán si no los
protegemos.

año

Un **año** es 12 meses.

Aa

araña

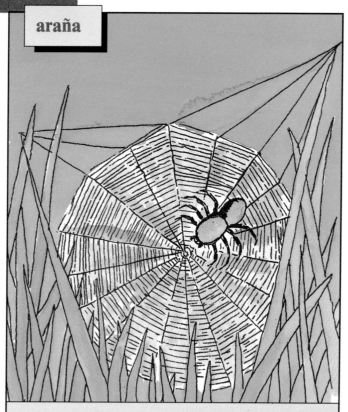

Una **araña** es un animal con ocho patas y el cuerpo en dos partes.

árbol

Un **árbol** es una planta grande con un tronco, ramas y hojas.

arbusto

Un **arbusto** es una planta más pequeña que un árbol.

arena

La **arena** está hecha de partículas diminutas de roca.

arreglar

Cuando **arreglas**, pones las cosas en cierto tipo de orden.

aspa

El **aspa** muestra la dirección de donde el viento proviente.

asteroide

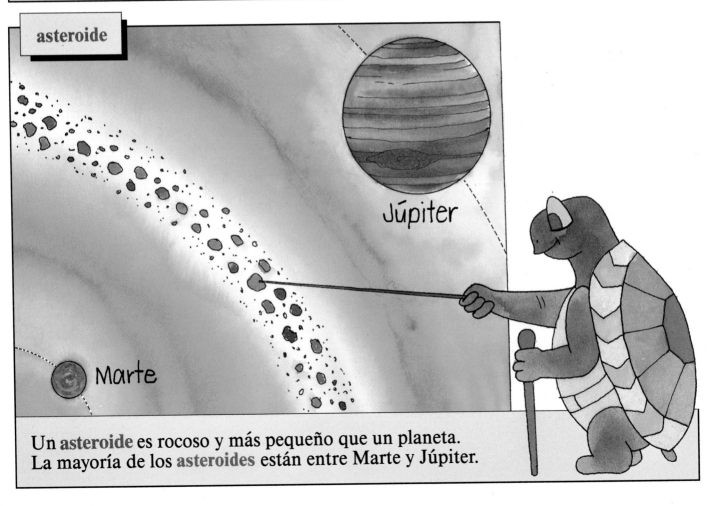

Júpiter

Marte

Un **asteroide** es rocoso y más pequeño que un planeta.
La mayoría de los **asteroides** están entre Marte y Júpiter.

Aa

astronauta

Un **astronauta** es un viajero del espacio.

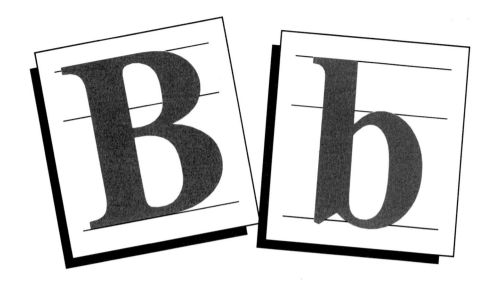

bajo

Bajo puede significar cerca de la tierra o el tono de un sonido.

balanza

Usas una **balanza** para medir masa o peso.

Bb

batería

Una **batería** puede almacenar y producir electricidad.

blando

Las cosas **blandas** son sedosas y esponjosas, no duras.

boca

La **boca** es la abertura del cuerpo por donde un animal se alimenta.

brazo

brazo

El **brazo** está entre el hombro y la mano.

brillante

Un objeto **brillante** es resplandeciente y luminoso.

brisa

Brisa es un viento suave.

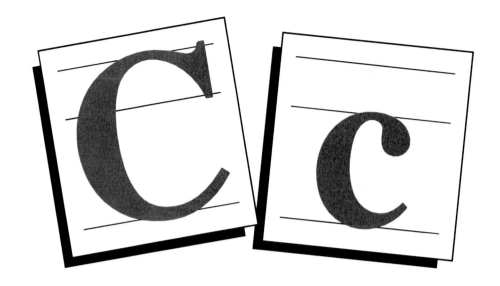

cactus

Un **cactus** es una planta que necesita poca agua. Usualmente es espinosa.

cadena de alimentación

Una **cadena de alimentación** muestra como los alimentos de diferentes animales se relacionan entre si.

caducos

Los árboles caducos pierden sus hojas todos los años.

calor

Calor es energía que hace sentir las cosas tibias o calientes.

Cc

capacidad

Capacidad es la cantidad que puede contener un envase.

carne

Carne es un alimento que viene de los animales.

centímetro

1cm

Usas **centímetros** para medir longitud.

16

cereal

Cereal es un tipo de comida hecha con grano.

ciencia

Ciencia es un proceso de observación, investigación, experimentación, y formación de conclusiones.

científico

Un científico observa, investiga, experimenta y llega a conclusiones.

cintura

La cintura está entre las costillas y las caderas.

clasificar

Clasificas cosas que son similares
cuando las pones en grupos.

clima

Clima es la condición usual del
tiempo durante un largo período.

codo

codo

El **codo** es donde el brazo se dobla.

color

El **color** nos permite ver la diferencia
entre cosas que son parecidas.

combustible

Un **combustible** es algo que se quema para producir energía.

cometa

Un **cometa** está hecho de gas, polvo y hielo. Los **cometas** viajan alrededor del sol.

comparar

ARAÑA

ESCARABAJO

Cuando **comparas** dices como son parecidas y diferentes las cosas.

Cc

Nosotros **comunicamos** cuando damos información sobre cosas.

La **concha** es la cubierta dura de algunos animales.

conclusión

Una **conclusión** es una opinión o decisión hecha despues de una observación o experiencia.

conductor

Un **conductor** permite viajar la electricidad, el calor y el sonido. El alambre es un **conductor**.

congelar

Un líquido se **congela** cuando al enfriarse mucho se convierte en solido.

conífero

Un **conífero** es un árbol que tiene conos.

Cc

Artículos para Reciclar

PAPEL   CRISTAL   ALUMINIO   PLASTICO

Conservación significa cuidar la naturaleza.

constelación

Una **constelación** es un grupo de estrellas que parecen
tener la forma de alguien o de alguna cosa.

corriente

Corriente es el movimiento de agua, viento o electricidad.

costa

La tierra y el océano se encuentran en la **costa**.

cráneo

Los huesos de la cabeza de un animal forman su **cráneo**.

Cc

cráter

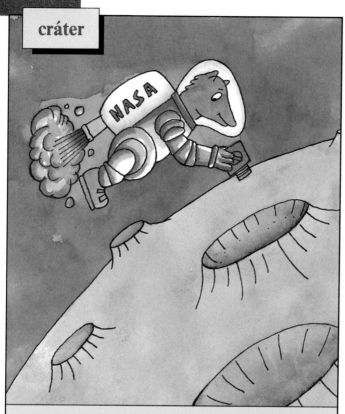

Un **cráter** es un hueco que tiene la forma de una taza.

crecer

Crecer significa aumentar en tamaño.

criatura de mar

Una **criatura de mar** es un animal que vive en o cerca del océano.

criatura viviente

Una **criatura viviente** se mueve, come, crece, respira y puede reproducirse.

cristal

Un **cristal** es un sólido que se forma de manera especial.

cuello

El **cuello** conecta la cabeza al cuerpo.

cuerpo

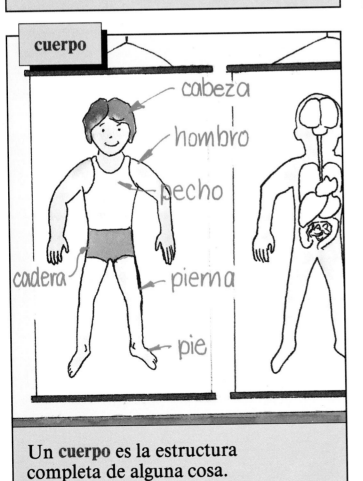

cabeza

hombro

pecho

cadera

pierna

pie

Un **cuerpo** es la estructura completa de alguna cosa.

cuña

Una **cuña** es una máquina simple. Se usa para sacar objetos.

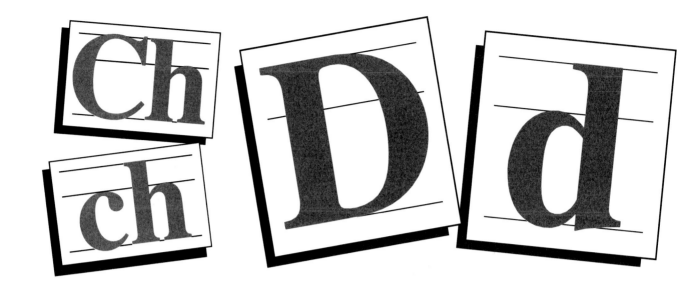

Ch ch

D d

derretir

Cuando los sólidos se **derriten** se convierten en líquidos.

descanso

Descanso es un tiempo libre de actividad.

desierto

En un **desierto** llueve muy poco.

deslizar

Los objetos se **deslizan** fácilmente en una superficie lisa o inclinada.

día

Día es el tiempo entre la salida y la puesta del sol. Hay luz durante el **día**.

dieta

Tu **dieta** es lo que comes.

diferente

Diferente significa que no es igual.

dinosaurio

Dinosaurios eran animales que vivieron hace mucho tiempo.

disolver

Cuando algo se mezcla con un líquido, se **disuelve** y parece que se desaparece.

droga

Droga es una substancia que se usa en medicina. Los **drogas** son dañinas si se abusa de ellos.

duro

Objetos **duros** son firmes.

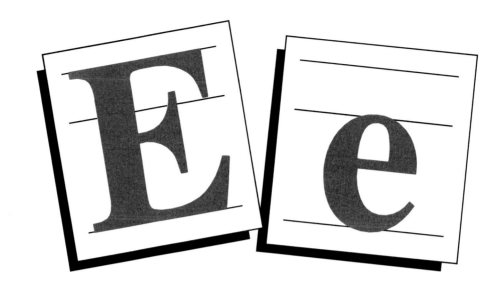

ejercicio

El **ejercicio** es una actividad que te ayuda a mantenerte saludable.

electricidad

Electricidad es energía que se puede transformar en luz, calor y sonido.

electricidad estática

La **electricidad estática** hace que tu pelo se pare cuando lo cepillas.

embrión de planta

embrión

Un **embrión de planta** está dentro de una semilla y es el comienzo de una nueva planta.

emparejar

Pájaros
Arboles
Flores

Objetos pueden **emparejarse** si son similares o pueden ajustarse el uno al otro.

Ee

empujar

Empujas cuando mueves algo lejos de tí.

energía

Energía da la fuerza para trabajar.

engranaje

Un **engranaje** es una rueda dentada que ajusta sus dientes con los dientes de otra rueda.

erosión

esqueleto

La **erosión** desgasta la superficie de la tierra.

Un **esqueleto** está hecho de los huesos de un animal.

estación

El año en la Tierra tiene cuatro **estaciones**—invierno, primavera, verano y otoño.

Ee

estómago

El **estómago** ayuda al animal a digerir el alimento.

estrella

Una **estrella** produce su propia luz. En la noche se pueden ver muchas **estrellas** en el cielo.

evaporar

Cuando el agua se **evapora**, partículas diminutas e invisibles se mezcan con el aire.

experimentar

Puedes **experimentar** para encontrar respuestas.

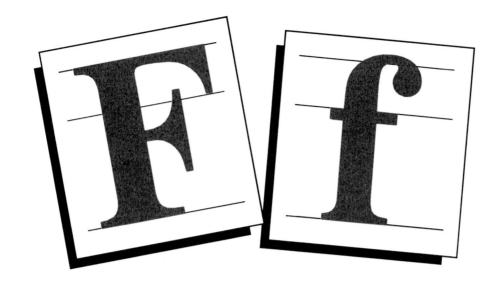

flor

Una **flor** es la parte de una planta que ayuda a producir el fruto.

Ff

flotar

Cuando un objeto **flota** se mantiene en el aire o la superficie del agua.

fósil

Un **fósil** es una huella, o parte de una planta o animal. Es duro como una piedra.

fotosíntesis

En **fotosíntesis** las plantas usan aire, luz del sol y agua para hacer su propio alimento.

fricción

Cuando se frotan dos superficies juntas se causa **fricción**.

frío

Cuando la temperatura es baja, hace **frío**.

fruta

Una **fruta** es la parte de una planta con semillas adentro.

fuego

El **fuego** despide calor y luz cuando se quema un combustible.

fuerte

Un sonido **fuerte** es muy ruidoso.

37

G g

garra

águila

pato

tigre

Algunos animales tienen **garras** en las puntas de sus patas.

gas

Globos

Gas es una substancia que no tiene medida o forma. Un **gas** puede llenar cualquier espacio.

gérmen

Un **gérmen** es un organismo viviente diminuto que puede causar enfermedades.

girar

Girar significa dar vueltas alrededor de algo.

globo

océano
Tierra

Un **globo** terrestre es un modelo de la Tierra.

Gg

grado

Mides temperatura en **grados**.

gramo

Usas **gramos** para medir la masa.

gravedad

Gravedad es la fuerza que atrae cosas hacia la tierra.

grupo

Un **grupo** es una colección o conjunto de objetos o criaturas vivientes.

grupos de comidas

Cereal

leche

pan y cereal

carne

frutas y vegetales

Grupos de comidas ayudan a los organismos a crecer y mantenerse saludables.

gusano

Un **gusano** vive y se mueve en la tierra.

gusto

Los animales sienten el **gusto** de los alimentos y bebidas cuando las comen o las beben.

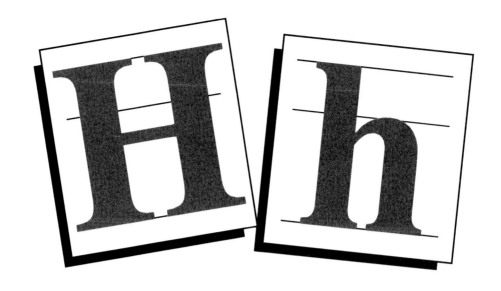

habitat

El lugar donde usualmente viven plantas o animales es el habitat.

halar

Halas cuando mueves algo hacia tí.

helecho

Un **helecho** es una planta con hojas largas y emplumadas y sin flores.

hervir

El agua **hierve** cuando se calienta mucho. Los líquidos hacen burbujas cuando **hierven**.

hielo

Hielo es agua helada.

Hh

hierba mala

Hierba mala es una planta que crece donde no debe.

hoja

Una **hoja** es una parte chata, verde de una planta. La planta hace alimento en sus **hojas**.

hongo

El **hongo** se forma de organismos diminutos. El moho y las trufas son ejemplos de **hongos**.

hueso

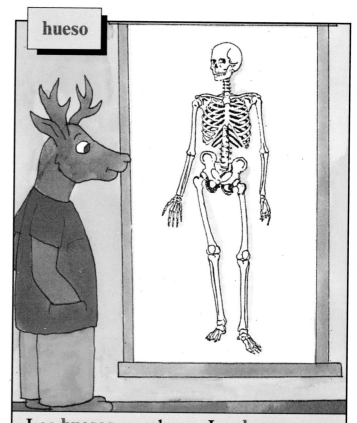

Los **huesos** son duros. Los **huesos** forman el esqueleto de muchos animales.

huevo

Los animales se reproducen de **huevos**.

huracán

Un **huracán** es una tormenta fuerte que se forma sobre el océano.

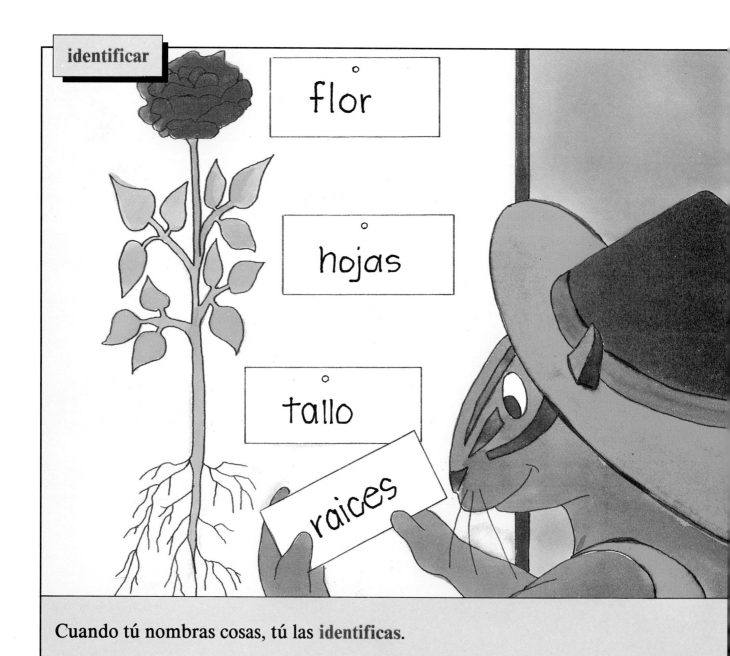

identificar

flor

hojas

tallo

raíces

Cuando tú nombras cosas, tú las **identificas**.

Ii

imán

Un **imán** atrae o coge objetos de hierro y otros metales.

inflar

Inflar significa llenar con aire.

insecto

Un **insecto** es un animal con seis patas y el cuerpo en tres partes.

Ii

instrumento

Usas **instrumentos** para medir o registrar.

inundación

Demasiada lluvia puede causar **inundación**.

investigar

Investigar es usar tu mente y tus sentidos para enterarte más sobre las cosas.

invierno

El **invierno** es el periodo de tiempo entre el otoño y la primavera. Los días de **invierno** son cortos.

isla

Una porción de tierra rodeada de agua es una **isla**.

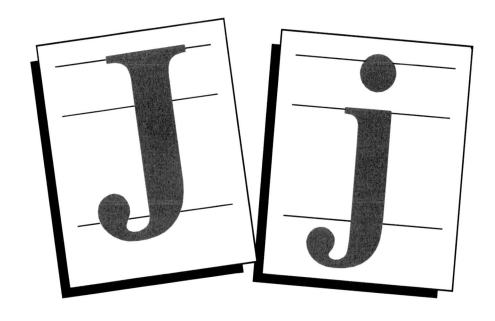

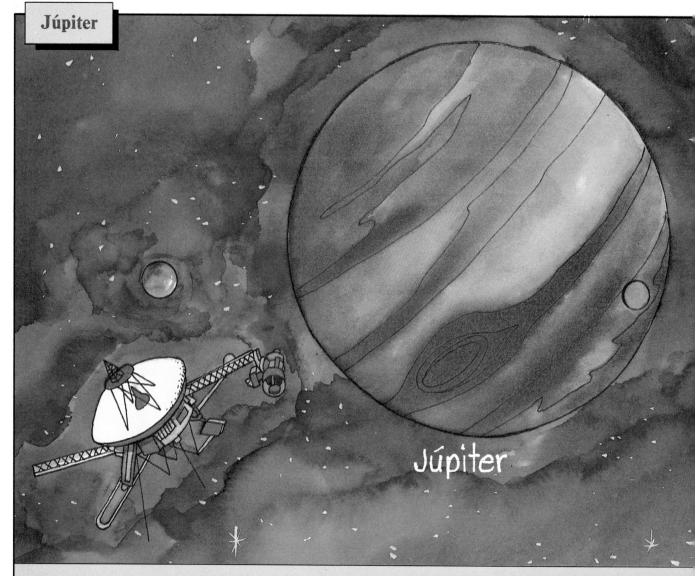

Júpiter

Júpiter

El planeta más grande en nuestro sistema solar es
Júpiter. Es el quinto a partir el sol.

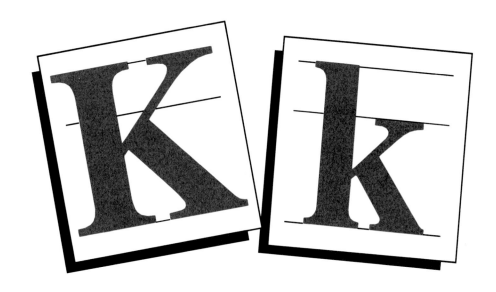

kilogramo

Usas **kilogramos** para medir peso y masa.

laboratorio

Algunos científicos trabajan en un **laboratorio**.

lago

Un **lago** es una porción grande de agua rodeada de tierra.

leche

Leche es un alimento que ayuda a formar dientes y huesos fuertes.

lengua

La lengua de un animal está en su boca. Ayuda a comer, sentir el gusto de la comida y a hacer sonidos.

lente

Un lente está hecho de material transparente. Su forma hace lucir las cosas más grandes o más pequeñas.

Ll

Levantas objetos para moverlos.

limpio

Limpio significa libre de basura.

54

líquido

Un **líquido** flota. Toma la forma de la vasija que lo contiene.

litro

Usas **litros** para medir capacidad.

luna

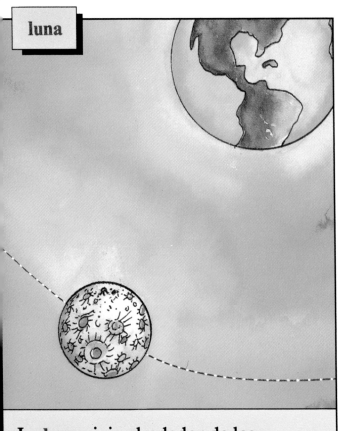

La **luna** viaja alrededor de los planetas. La Tierra tiene una **luna**.

luz

Luz es energía que nos permite ver.

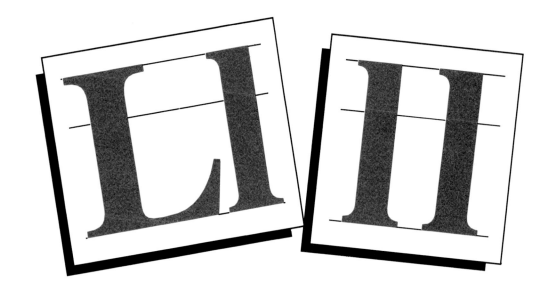

lluvia

Lluvia son gotas de agua que caen de las nubes.

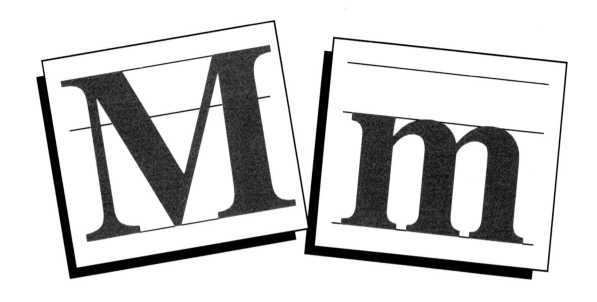

mamífero

Un **mamífero** es un animal. La madre del **mamífero** puede hacer su propia leche para alimentar a sus bebés.

Mm

mano

La **mano** está al final del brazo. Se usa para sostener cosas.

mapa

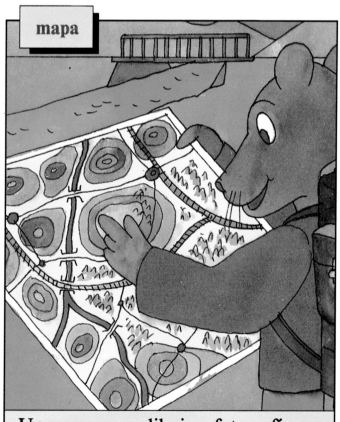

Un **mapa** es un dibujo o fotografía que muestra partes importantes de un area.

máquina

Las **máquinas** ayudan a hacer el trabajo.

máquina compuesta

Una **máquina compuesta** está hecha de máquinas simples.

máquina simple

Una **máquina simple** ayuda a hacer el trabajo. Las palancas y poleas son **máquinas simples**.

Marte

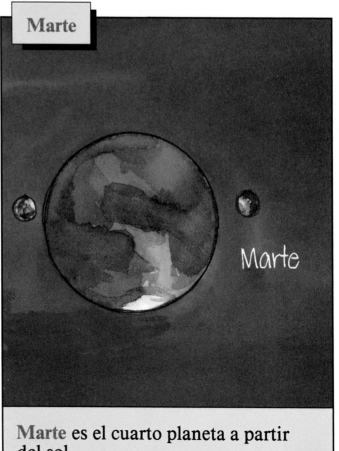

Marte es el cuarto planeta a partir del sol.

Mm

masa

Masa es la cantidad de materia en un objeto.

mascota

A los animales que viven con la gente se les llama **mascotas**.

mate

Mate significa opaco sin brillo. La cañería es **mate**.

medida métrica

Algunas **medidas métricas** son centímetro, metro cuadrado, litro y kilogramo.

medida usual

15.54 LIBRAS

Algunas **medidas usuales** son pulgadas, libras y tazas.

Mm

medir

Mides tamaño, peso, temperatura, capacidad y tiempo.

Mercurio

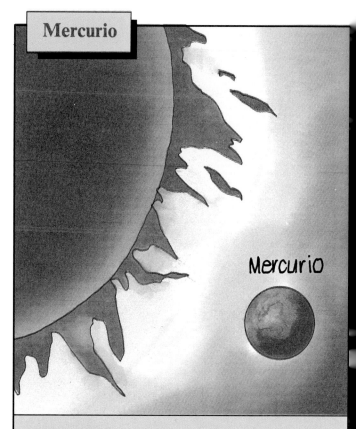

Mercurio

Mercurio es el planeta más cercano al sol.

mes

JULIO

D	L	M	M	J	V	S
	1	2	3	4	5	6
7	8	9	10	11	12	13
14	15	16	17	18	19	20
21	22	23	24	25	26	27
28	29	30	31			

Un **mes** es una parte del año. Tiene de 28 a 31 días.

meteorólogo

Un **meteorólogo** estudia, informa y predice el tiempo.

metro

1 metro

1 metro

1 metro

Usas **metros** para medir longitud.

microscopio

Un **microscopio** usa lentes para hacer que objetos pequeños parezcan más grandes.

mililitro

Usas un **mililitro** para medir capacidad.

mineral

Un **mineral** es una substancia que se encuentra en la tierra. El oro, el hierro, el cobre y la sal son **minerales**.

Mm

Venta de
Juguetes
2 por 1

Las cosas que son lo **mismo** son parecidas en alguna forma.

Moho es un hongo que crece más en lugares cálidos y humedos.

Un **molusco** es una animal con cuerpo blando y sin huesos. Muchos **moluscos** tienen conchas.

Una **montaña** es una parte muy alta sobre la superficie de la tierra.

mover

Cuando algo se **mueve** cambia de lugar o de posición.

musgo

Musgo es una planta pequeña y suave.

muslo

muslo

El **muslo** es la parte de la pierna entre la cadera y la rodilla.

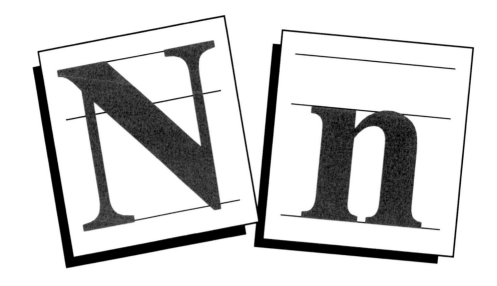

nariz

La nariz es la parte del cuerpo para oler.

naturaleza

Naturaleza es el mundo de afuera, al aire libre.

nave espacial

Una **nave espacial** se usa para viajar en el espacio.

Neptuno

Neptuno es un planeta grande lejos del sol. Tiene muchas lunas.

niebla

Niebla es una nube baja.

nieve

Nieve es agua congelada. Cae de las nubes como copos blancos y suaves.

Nn

noche

Noche es el tiempo entre la puesta y la salida del sol.
Durante la **noche** está oscuro.

nube

Una **nube** está hecha de pequeñas goticas de agua o
partículas de hielo.

observar

Observar es obtener información usando el sentidos.

océano

El **océano** es agua salada que cubre cerca de tres cuartas partes de la Tierra.

oído

El **oído** es la parte del cuerpo para oir.

oír

Los animales usan sus oidos para **oír** sonidos.

ojo

El **ojo** es la parte del cuerpo para ver.

olor

Un **olor** es un aroma.

opaco

No puedes ver a través de materiales **opacos**.

órbita

Tierra

Luna

órbita

Una **órbita** es un recorrido alrededor de un objeto.

ordenar

cristal

papél

Cuando tú **ordenas** cosas tú las pones en grupos.

organismo diminuto

Un **organismo diminuto** es una parte muy pequeña que puede formarse móho.

Oo

Osa Mayor

La **Osa Mayor** es una constelación.

oscuro

Está **oscuro** cuando hay poca o ninguna luz.

otoño

Otoño es la época del año entre el verano y el invierno. Los días de **otoño** son cortos y frescos.

oxígeno

El **oxígeno** es un gas que se encuentra en el aire y el agua. Los animales necesitan **oxígeno** para vivir.

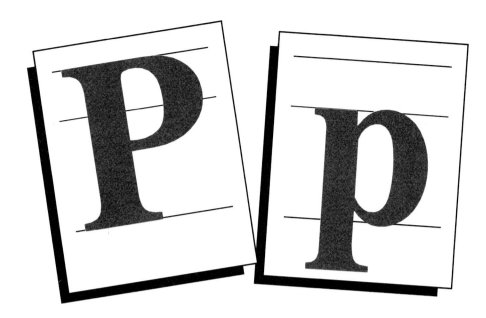

pájaro

Un **pájaro** es un animal que tiene plumas. La mayoría
de los **pájaros** vuelan.

Pp

palanca

Una **palanca** es una máquina simple que es una barra larga o varilla.

pan

El **pan** es un tipo de alimento que se hace de grano.

parra

Una **parra** es una planta con un largo tallo enrollado en espiral.

pasto

Pasto es una planta de hojas finas.

peligro

Peligro es la posibilidad de daño.

pelo

El **pelo** crece en la piel de los mamíferos.

pesado

Un objeto **pesado** es difícil de levantar.

pez

Pez es un animal con agallas y aletas. El **pez** vive en el agua.

piel

La **piel** es la cubierta suave de una animal. La **piel** es la parte del cuerpo para tocar.

pierna

La **pierna** está entre la cadera y el pie.

planeta

Sol

Hay nueve **planetas** en nuestro sistema solar. Giran alrededor del sol.

plano

Una superficie lisa y nivel es **plana**.

plano inclinado

Plano inclinado es una máquina simple. Una rampa es un **plano inclinado**.

planta

Una **planta** es algo vivo que hace su propio alimento.

pluma

Plumas cubren el cuerpo de los pájaros.

Pp

Plutón

Plutón es un planeta que esta muy lejos del sol. Tiene una luna grande.

pluviómetro

Un **pluviómetro** se usa para medir la cantidad de lluvia.

polea

Polea es una máquina simple con una rueda, garganta y soga.

polución

Polución significa ensuciar el aire, el agua, o la tierra con cosas dañinas.

precipitación

Precipitación es la caída de lluvia, nieve, granizo o aguanieves.

predecir

Predices cuando usas tus conocimientos para tratar de acertar por adelantado lo que va a suceder.

primavera

Primavera es la época del año entre el invierno y el verano. Las plantas empiezan a crecer en la **primavera**.

prisma

Un **prisma** es un objeto transparente que puede descomponer la luz en un arco iris de colores.

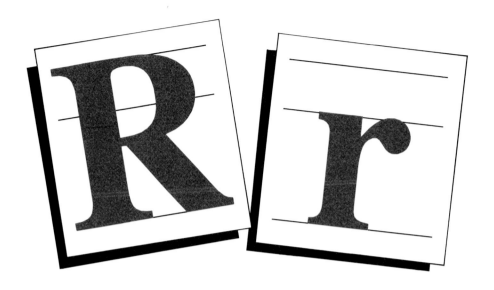

radiografía

Una **radiografía** es una fotografía especial que muestra la parte interna de algo o alguien.

raíz

raíz

La **raíz** de una planta almacena alimento y mantiene la planta en la tierra.

recircular

cristal   papel

Recirculas cuando usas materiales otra vez.

reflejar

La luz se **refleja** cuando rebota contra una superficie.

regla

Regla es una herramienta que se usa para medir longitud.

relámpago

Relámpago es un destello de luz en el cielo. Es causado por electricidad.

reloj de sol

Un **reloj de sol** es cierto tipo de reloj. Puedes decir la hora de acuerdo con la sombra que proyecta.

repeler

Repeler significa rechazar. Los imanes pueden rechazarse unos a otros.

represa

Una **represa** es un lago donde se recoge y almacena agua.

reproducir

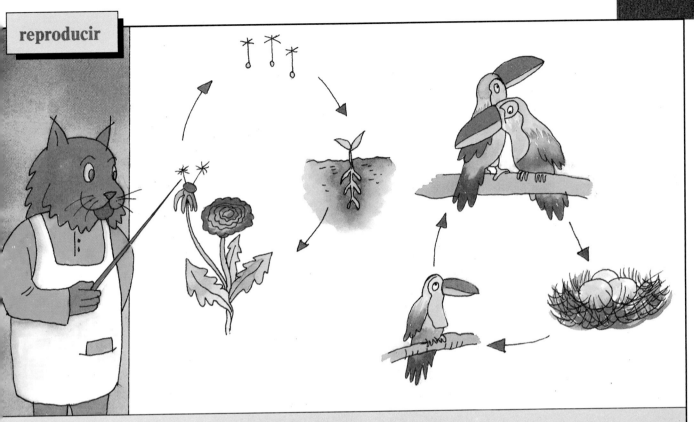

Los animales y las plantas se **reproducen** cuando hacen
una vida nueva de su misma especie.

reptil

Un **reptil** es un animal con piel seca y llena de escamas.

Rr

responder

Animales y plantas **responden** o reaccionan a cosas que pasan.

río

Un **río** es una gran corriente natural de agua.

roca

Una **roca** es una pieza dura de la superficie de la tierra que está compuesta de diferentes minerales.

rocío

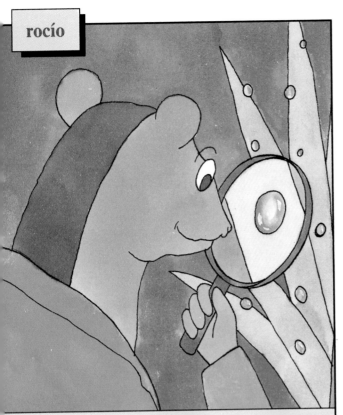

El **rocío** es pequeñas gotas de agua que se forman cuando la tierra se enfría.

rodar

Rodar es mover un objeto redondo dándole vueltas una y otra vez.

rueda

Una **rueda** es una máquina simple. Mueve cosas dando vueltas.

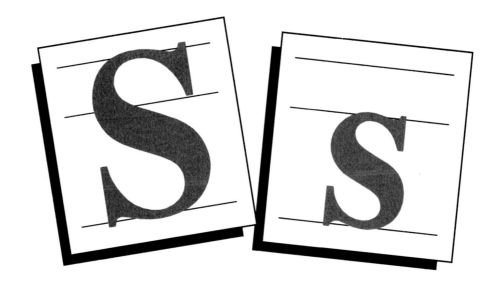

sacar

Para:
Conejo

Sacar significa mover o levantar algo usando una palanca.

satélite

Un **satélite** viaja alrededor de un planeta.

Saturno

Saturno

Saturno es el sexto planeta a partir del sol. **Saturno** tiene anillos muy lindos.

seguridad

Andar con **seguridad** es ser cuidadoso para prevenir accidentes o evitar peligro.

Ss

semana

Cosas que hacer

Lunes	Limpiar mi cuarto
Martes	Jugar fútbol
Miércoles	Ir al cine
Jueves	Lavar
Viernes	Ver
Sábado	
Domingo	Excurs

Una **semana** tiene siete días.

semilla

Una **semilla** es la parte de la planta que se convierte en una nueva planta.

sentido

ver

oír

gustar

tocar

oler

Los cinco **sentidos** de un animal son la vista, el oído, el gusto, el tacto y el olfato.

sequía

Sequía es cuando pasa mucho tiempo sin llover.

silencioso

Cuando hay poco ruido, está **silencioso**.

Ss

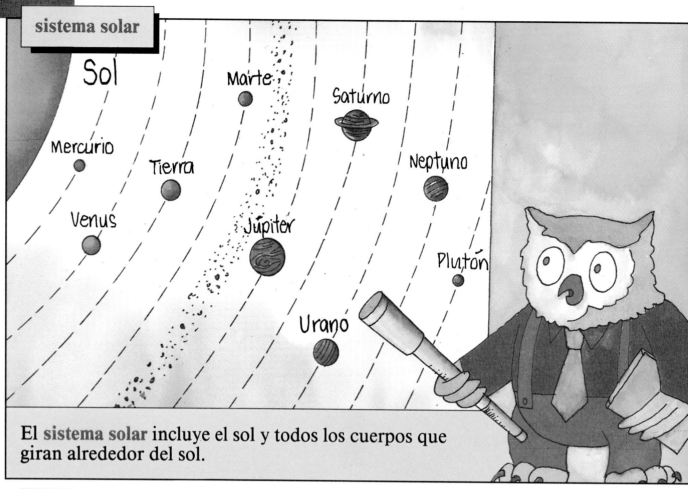

sistema solar

Sol

Mercurio

Venus

Tierra

Marte

Júpiter

Urano

Saturno

Neptuno

Plutón

El **sistema solar** incluye el sol y todos los cuerpos que giran alrededor del sol.

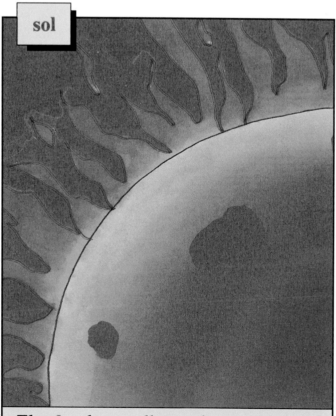

sol

El **sol** es la estrella en el centro de nuestro sistema solar. Emite luz y calor.

sólido

Un **sólido** tiene su propia forma.

sombra

Cuando la luz es bloqueada por un objeto, ves una **sombra**.

sonido

Sonido es algo que oyes.

suelo

El **suelo** es una parte de la superficie de la tierra. Las plantas crecen en el **suelo**.

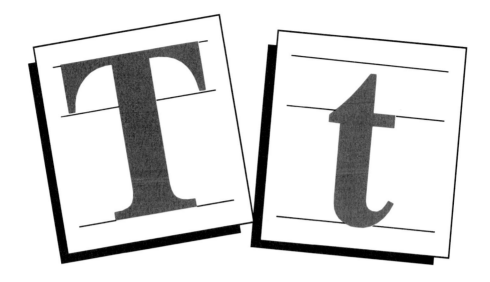

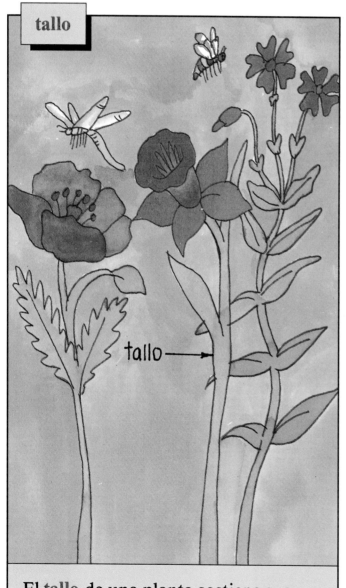

tallo

tallo →

El tallo de una planta sostiene sus flores y hojas.

taza

250 ML

250 ML

Usas una **taza** para medir capacidad.

telescopio

Un **telescopio** usa los lentes para hacer que objetos muy lejanos parezcan muy cerca.

temperatura

La **temperatura** es la medida del calor o el frío de una cosa.

tenue

Es difícil ver cuando la luz es **tenue**.

termómetro

Un **termómetro** se usa para medir el calor o frío.

terremoto

Un **terremoto** estremece o hace resbalar la tierra.

textura

Textura es la manera como se ve o se siente algo.

tiempo

Tiempo es la condición del aire en cierta hora y cierto lugar.

Tierra

La **Tierra** es el tercer planeta a partir del sol. La gente vive en la **Tierra**.

tobillo

tobillo

El **tobillo** está entre el pie y la pierna.

tono

Tono es cuan bajo o alto es un sonido.

tormenta

Tormenta es un tiempo con fuerte viento, lluvia, nieve o granizo.

tornado

Un **tornado** es una fuerte tormenta con vientos en remolino.

tornillo

Un **tornillo** se usa para atar o amarrar cosas. Tiene estrías.

trabajo

Trabajo es un esfuerzo hecho para mover cosas.

traje espacial

Un **traje espacial** hace posible trabajar en el espacio.

transbordador espacial

Un **transbordador espacial** se usa para viajes entre la Tierra y el espacio.

translúcido

Puedes ver una figura de manera borrosa a través de un material **translúcido**.

transparente

Puedes ver claramente a través de un material **transparente**.

trueno

El **trueno** es el ruido causado por el relámpago durante una tempestad.

Urano

Urano

Urano es un planeta con lunas y anillos.

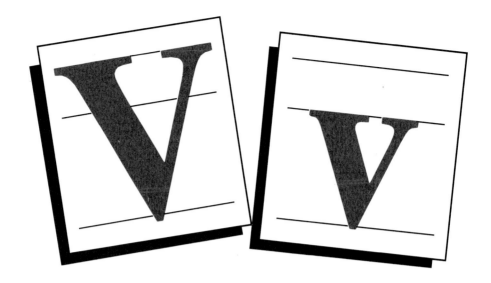

valle

Un **valle** es tierra baja entre colinas o montañas.

vapor

vaporizador

Vapor es pequeñas goticas de agua que se encuentran en el vapor de agua, las nubes o en el aire.

vapor de agua

Vapor de agua es pequeñas gotas de agua que se forman despues de que el agua hierve.

vara métrica

Una **vara métrica** es una herramienta que se usa para medir longitud.

vegetal

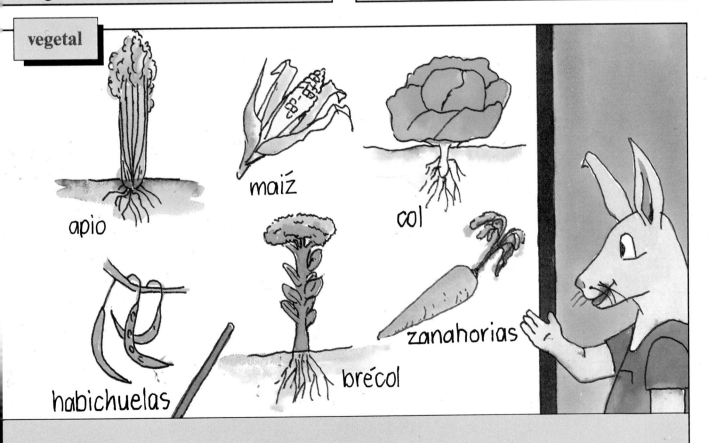

apio

maíz

col

habichuelas

brécol

zanahorias

Un **vegetal** es una planta que se usa como alimento.

Vv

vena

Una **vena** es como un tubo. Lleva la sangre en los animales y el agua en las plantas.

veneno

Veneno te puede enfermar o hasta matar si lo comes o tomas. *Nunca* comas, tomes o toques **veneno**.

Venus

Venus

Venus es el segundo planeta a partir del sol. **Venus** está cubierto de nubes.

verano

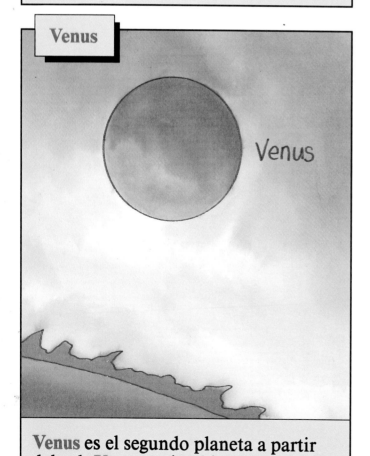

El **verano** es la época del año entre la primavera y el otoño. Los días de **verano** son largos y calurosos.

vibración

Cuando el aire u objetos se mueven rápidamente hacia atrás y hacia adelante causan **vibraciones**.

viento

Viento es aire que se mueve. Los **vientos** pueden ser brisas suaves o parte de fuertes tormentas.

volcán

Un **volcán** es una colina o montaña que tiene un cráter. Cuando el **volcán** entra en erupción, sale la lava caliente flota hacia afuera.

zoológico

Un **zoológico** es un lugar donde los animales son protegidos y estudiados.